Este libro le pertenece a:

....

Copyright © BPA Publishing Ltd 2020

Autora: Pip Reid

Ilustrador: Thomas Barnett

Director creativo: Curtis Reid

www.biblepathwayadventures.com

Gracias por apoyar a Bible Pathway Adventures®. Nuestra serie de aventuras ayuda a los padres a enseñarles a sus hijos sobre la Biblia de una forma divertida y creativa. Diseñada para toda la familia, la misión de Bible Pathway Adventures es reintroducir el discipulado en los hogares de todo el mundo. ¡La búsqueda de la verdad es más divertida que la tradición!

Los derechos morales de la autora y el ilustrador han sido declarados.
Este libro está protegido por copyright.

ISBN: 978-1-989961-01-8

Enfrentándose al gigante

Las aventuras de David

"Y tomando el cayado, David escogió cinco piedras lisas del arroyo y las puso en el zurrón que traía, y con la honda en su mano se acercó al filisteo". (1 Samuel, 17:40)

¿Acaso se debe nacer en una familia real para llegar a ser rey? ¡No cuando Dios es quien manda! Hace mucho tiempo vivió un joven pastor llamado David, de la tribu de Judá, a quien Dios había elegido para convertirse en rey de Israel. Dios quiso comprobar que había escogido al hombre adecuado para aquel trabajo. Antes de llegar a ser rey, David se enfrentó a muchas pruebas y corrió muchas aventuras emocionantes.

En aquel entonces, Israel tenía un rey desobediente llamado Saúl. Con la ayuda de su hijo Jonatán, Saúl ganó muchas batallas, pero había dejado de escuchar a Dios.

Un día, su ejército venció a un enemigo feroz: los sanguinarios amalequitas. En lugar de aniquilar a los supervivientes (personas y animales) como Dios le había ordenado, Saúl se quedó con las mejores ovejas y vacas de los enemigos. "Mantened con vida al rey de Amalec", ordenó Saúl a sus soldados. "Será nuestro prisionero".

Dios estaba muy decepcionado con el comportamiento de Saúl. Sabía que si Saúl perdonaba la vida a las personas y a los animales, los amalequitas atacarían a los israelitas nuevamente. Dios deseaba obediencia, así que habló con su profeta Samuel.

"Me arrepiento de haber nombrado rey a Saúl", dijo Dios a Samuel. "Me ha dado la espalda y ha desobedecido mis órdenes. Es hora de que Israel tenga un nuevo rey". Samuel sabía que Dios le quitaría el reino a Saúl. Samuel se cubrió la cara con las manos y lloró.

"Samuel, deja de llorar por Saúl", le dijo Dios. "Consigue un poco de aceite de oliva y ve a Belén. Cuando llegues allí, busca a un hombre llamado Isaí. He elegido a uno de sus hijos para que sea el próximo rey".

Pero Samuel estaba preocupado. "¡Si Saúl llegara a enterarse de que estoy buscando un nuevo rey, me mataría!", exclamó. Puede que Samuel fuese un profeta importante, pero Saúl era aún un rey poderoso. "No te preocupes", le dijo Dios. "Lleva un becerro contigo y explica que estás allí para ofrecerme un sacrificio. Invita a Isaí a la comida y después te diré qué hacer".

Samuel era un profeta obediente y marchó rápidamente hacia Belén. Al llegar a las puertas de la ciudad, los jefes del pueblo corrieron a recibirlo. "¿Por qué estás aquí?", preguntaron, con sus manos temblorosas. "¿Llegas en son de paz?". Tenían buenas razones para estar nerviosos. Samuel no solo era profeta, también era juez y comandante del ejército.

"No temáis", les dijo Samuel. "He venido a ofrecer un sacrificio a Dios. Preparaos y acompañadme a la comida". Samuel invitó a Isaí y a sus hijos al sacrificio. "Dios elegirá al próximo Rey de Israel de entre tus hijos", le confió a Isaí en privado.

Cuando Isaí y sus hijos llegaron, Samuel se fijó en Eliab, el hermano mayor. *"Este hombre es alto y bien parecido, tiene porte de rey"*, pensó el profeta. *"Este debe de ser el hombre que Dios ha escogido"*.

Pero Dios pensaba de otra manera. "Ignora lo bien parecido que es Eliab", dijo Dios. "Él no es el próximo rey. Yo no contemplo el exterior de una persona, sino que miro su corazón".

Uno tras otro, Isaí hizo pasar a sus hijos al patio para presentárselos a Samuel. Pero en todas las ocasiones Dios dijo que no. "Dios no ha elegido a ninguno de estos siete hombres", le dijo Samuel a Isaí. "¿Tienes algún otro hijo?". Isaí frunció el ceño y se rascó la barba. "Mi hijo menor, David. Está cuidando a las ovejas", dijo Isaí, señalando una colina pedregosa cercana. "¿Cómo podría ser él un rey?".

Samuel vio a David a través de la ventana y sonrió. Sabía que aquél era el hombre que Dios había elegido para ser el siguiente rey de Israel. "Dile que venga a verme", pidió Samuel, emocionado. "Comeremos cuando esté aquí".

¿Sabías que?

Samuel era un nazareo. Esto significa que él fue consagrado para el servicio de Dios. Muchos estudiosos de la Biblia creen que esta es la razón por la que Samuel nunca se cortó el pelo.
(1 Samuel 1:11)

David bajó con rapidez por un accidentado sendero y corrió hacia la casa para saludar a Samuel. El chico era muy fuerte y apuesto, con pelo rojo corto y un brillo especial en sus ojos. "Samuel, levántate y úngelo", ordenó Dios, "¡porque es el elegido!".

Samuel tomó su cuerno con aceite de oliva y lo vertió cuidadosamente sobre la cabeza de David para indicar que sería el próximo rey de Israel. Inmediatamente, el Espíritu de Dios entró en David.

Los hijos de Isaí se miraron con sorpresa. ¿Por qué su hermano pequeño era consagrado rey de Israel y no uno de ellos? Samuel no les dio ninguna respuesta. Su trabajo estaba hecho. Israel tenía un nuevo rey.

¿Sabías que?

Los estudiosos de la Biblia creen que David tuvo que esperar casi 20 años para convertirse en rey de Israel. Gobernó por 40 años: siete años en Hebrón y 33 en Jerusalén.

Durante ese tiempo, el rey Saúl todavía gobernaba la tierra de Israel. Vivía en un enorme palacio de piedra en la ciudad de Guibeá. Pero como había sido desobediente, el Espíritu de Dios lo abandonó. En su lugar, un espíritu malvado le poseyó y le atormentaba de día y de noche. Nada parecía calmar la mente de Saúl. Sus sirvientes iban de un lado para otro preguntándose qué hacer.

"Encontremos a alguien que toque el arpa", sugirió uno de ellos. "Quizás la música le ayude a descansar". Saúl se encogió de hombros. No sabía por qué aquel espíritu malvado se había apoderado de él.

"Uno de los hijos de Isaí de Belén sabe tocar el arpa", intervino otro de los sirvientes. "Es un hombre valiente que ama a Dios. Se llama David".

Isaí envió a David al palacio real inmediatamente. Después de todo, ¡no se le podía negar algo al rey de Israel! A partir de ese día, cuando el espíritu malvado torturaba a Saúl, David se sentaba al lado del rey y tocaba su arpa.

Un día, los israelitas se reunieron en el Valle de Elah para luchar contra su enemigo, los temibles filisteos. Nadie quería a los filisteos. Eran malvados y crueles, y muy aficionados a una buena pelea.

El rey divisó al ejército de los filisteos al otro lado del valle. Tenían muchos carruajes y más soldados de los que podía contar. Tomó su espada y rápidamente se preparó para la batalla.

El rey aún no lo sabía, pero los filisteos tenían un guerrero temible en sus filas. Se llamaba Goliat, ¡y era tan alto como una casa! Medía 9 pies con 9 pulgadas. Todos le temían y nadie se le acercaba. Goliat era más fuerte que cualquier hombre en Israel.

¿Sabías que?

Durante esta época, no había herreros en Israel. Los israelitas llevaban sus herramientas de hierro a los filisteos para ser afiladas. Los filisteos cobraban un precio muy alto por este servicio.
(1 Samuel 13:20)

Esta tarde, los israelitas se formaron para la batalla contra los filisteos. De repente, un hombre gigante salió marchando del campamento de los filisteos. ¡Era Goliat, el poderoso gigante! Llevaba un casco de bronce sobre su cabeza y un brillante pectoral, también de bronce. Incluso sus piernas estaban cubiertas con una armadura de bronce para que nadie pudiera lastimarlo.

"¿Qué hacéis aquí, israelitas diminutos?", gritó Goliat, hinchando sus enormes músculos. "Si os atrevéis, elegid a uno de vuestros hombres para que pelee conmigo. Si vuestro guerrero me vence, seremos vuestros esclavos; pero si gano yo, vosotros seréis esclavos nuestros".

Saúl y sus hombres temblaban de miedo. No estaban acostumbrados a pelear con alguien tan enorme como Goliat. ¡Hasta la tierra se estremecía cuando caminaba sobre ella! No podían apartar sus ojos del gigante, asombrados.

Mientras tanto, en Belén, Isaí le dijo a David que fuera a ver a tres de sus hermanos que servían como soldados en el ejército de Saúl. "Llévate este pan y dirígete al Valle de Elah", le indicó a su hijo. "Averigua si tus hermanos están bien y regresa para comunicármelo".

David no perdió tiempo. A la mañana siguiente muy temprano, saltó de su cama, agarró el saco con los alimentos y marchó a cumplir con lo que su padre le había ordenado. Llegó al campamento justamente cuando los soldados marchaban hacia el campo de batalla.

David dejó caer el saco y corrió hacia el frente para saludar a sus tres hermanos. Nunca se había visto tan cerca del enemigo y estaba emocionado. Cruzó sus brazos y miró fijamente a los filisteos. ¡Cómo se atreven a intentar destruir a los israelitas!

"¿Por qué seguís en formación?", les gritó Goliat a los israelitas. Llevaba cuarenta días amenazándolos, y se estaba impacientando. "¡Venid y pelead conmigo, cobardes!".

Quizás pienses que para entonces los israelitas ya se habrían acostumbrado a escuchar las amenazas de Goliat, pero la verdad es que estaban incluso más aterrorizados que antes. ¡Todos corrieron de regreso al campamento tan rápido como sus temblorosas piernas se los permitieron!

"¡Ese gigante es un monstruo!", se lamentaron los soldados. "¡Si lográramos matarlo, conseguiríamos la recompensa que el rey nos prometió!". David se giró y miró a los soldados. "¿Cuál es el premio por matar a Goliat?", preguntó. "Además, ¿quién es este filisteo que se atreve a desafiar al ejército del Elohim viviente?".

¿Sabías que?

Saúl tenía 30 años cuando se convirtió en el rey de Israel. Reinó durante 42 años.

Los soldados le explicaron a David el desafío de Goliat. Y le dijeron lo que Saúl había prometido al hombre que matara a Goliat: "El rey te daría a su hija en matrimonio y trataría a tu familia de manera especial". David sonrió. Le interesaba el premio del rey.

En ese momento, uno de los hermanos de David, Eliab, dio un paso al frente. "¿Por qué estás aquí, cobarde?", le dijo, tocando con su lanza el pecho de David. "Deberías estar cuidando de las ovejas. No eres un guerrero. ¡Solo has venido a ver el combate!".

"¿Qué he hecho ahora?", dijo David, volviéndose hacia los soldados. "Solamente hice una pregunta". Ignoró a su hermano mayor y continuó hablando con los hombres. En su corazón, él quería ayudar a salvar al pueblo de Israel de los filisteos.

Cuando el rey Saúl se enteró de la valentía exhibida por David, lo hizo llamar. David dijo al rey: "Nadie debería temer a ese filisteo. ¡Yo iré y pelearé con él!".

"¿Cómo vas a luchar contra este gigante?", se extrañó Saúl, mirando a David de arriba a abajo. "Él es un gran guerrero, y tú solo eres un muchacho".

"He matado leones y osos para proteger las ovejas de mi padre", aseguró David. "Dios me ayudará a acabar con ese gigante, ¡espere y verá!". El rey Saúl suspiró y se rascó la barba. No estaba seguro de cómo enfrentarse a Goliat. ¿Sería David la solución?

¿Sabías que?

El rey Saúl era el hombre más alto en Israel. Algunos historiadores creen que medía casi de siete pies de altura.
(1 Samuel 9:2)

"Bien", dijo finalmente Saúl a David, "ve a pelear con el gigante y que nuestro Dios esté contigo". Le colocó un casco de bronce en la cabeza y le entregó una armadura para que se vistiera con ella.

El corazón de David latía muy rápido. Tomó una lanza y caminó hacia el campo de batalla, pero no llegó muy lejos. "¡No puedo utilizar toda esta armadura! Es demasiado grande y pesada", se lamentó. Se quitó el casco de bronce y le devolvió la armadura a Saúl. "No se preocupe, ¡tengo otro plan!".

David sabía que Goliat tenía cuatro hijos desagradables. Sujetando su bastón de pastor, recogió cinco piedras lisas de un arroyo cercano y las metió en su bolsillo. ¡Ahora estaba listo para la batalla!

Con su honda en la mano, David caminó hacia Goliat. El gigante había esperado cuarenta días y estaba listo para pelear. "¿Soy un perro rabioso? ¿Es por eso que llevas un bastón?", rio Goliat. "¿Por qué los israelitas no me envían a un verdadero guerrero con quien pelear?". David hacía girar la honda lentamente mientras esperaba su momento.

"Acércate más", retaba Goliat a David. "Abandonaré tu cadáver a los pájaros y a los animales para que se lo coman". David miró a Goliat directamente a los ojos. "Vienes contra mí con una espada y una lanza", dijo David, "pero no me asustas. Porque me enfrento a ti en nombre de Dios, el Elohim de este ejército".

Goliat estuvo a punto de atragantarse de ira. ¿Cómo se atreve este muchacho israelita a amenazarlo? Pero David no había terminado de hablar. "¡Hoy Dios te convertirá en mi víctima! Voy a matarte y alimentaré a las aves y a todos los animales con los cadáveres de los filisteos. Entonces el mundo entero sabrá que en Israel hay un Dios".

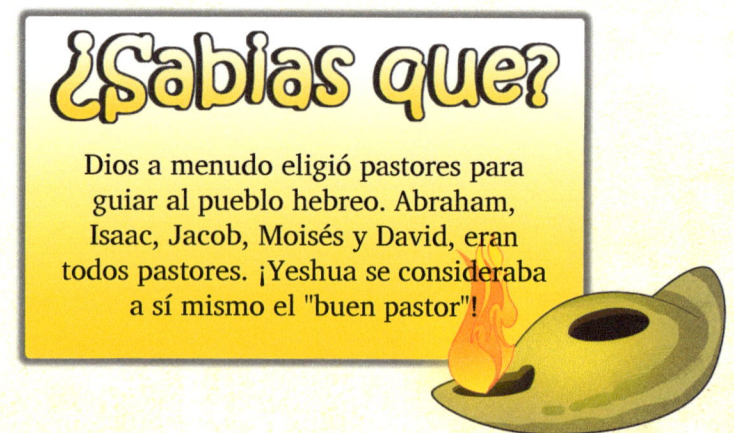

¿Sabías que?

Dios a menudo eligió pastores para guiar al pueblo hebreo. Abraham, Isaac, Jacob, Moisés y David, eran todos pastores. ¡Yeshua se consideraba a sí mismo el "buen pastor"!

Goliat ya había escuchado suficiente. Alzó su lanza y corrió hacia David. Nubes de polvo se levantaban a cada paso que el gigante daba, pero David no tenía miedo. Tomó una piedra de su zurrón, la colocó en su honda y la giró sobre su cabeza, haciéndola silbar.

¡Zuush! ¡Zuush! ¡Zuush!

David apuntó al gigante y disparó. La piedra zumbó a través del aire como un cohete y golpeó a Goliat en el medio de su gran frente peluda. El filisteo se tambaleó y se derrumbó sin vida.

Los soldados filisteos se quedaron mirando a David, estupefactos. ¡No podían creer que el joven pastor hubiese matado a su gigante! ¡David había matado al poderoso filisteo con solo una honda y una piedra!

David corrió hacia Goliat. "¿Me creéis ahora?", preguntó. Le quitó la espada al gigante y le cortó la cabeza. "¡Dios nos ha entregado a Goliat!", exclamó alborozado el ejército israelita.

Cuando los filisteos vieron que su héroe estaba muerto, dieron media vuelta y corrieron tan rápido como pudieron. Pero los israelitas no los iban a dejar escapar tan fácilmente. Tomaron sus armas y persiguieron a los soldados filisteos hasta sus casas.

¿Sabías que?

Los gigantes (nefilim) tenían seis dedos en cada mano y seis dedos en cada pie.
(2 Sam 21:20 y 1 Crón 20:6)

David no se había olvidado de la grande y peluda cabeza de Goliat. La colocó bajo su brazo y la llevó de regreso a Jerusalén para mostrársela al rey.

Saúl estaba muy complacido con David. "De ahora en adelante, trabajarás para mí", afirmó, colocando una mano sobre el hombro de David. "Eres un soldado, no un pastor".

Para celebrar esta gran victoria, el pueblo de Israel tuvo una fiesta. Cantaron, bailaron y tocaron sus tambores. Aquella victoria demostró que Dios estaba con ellos. Con la ayuda de David, ¡habían derrotado a los poderosos filisteos!

FIN

¡Prueba tu conocimiento!

(Empareja la pregunta con la respuesta correcta en la parte de abajo de la página)

PREGUNTAS

¿Cómo se llamaba el padre de David? ....

¿Qué profeta ungió a David como el próximo rey de Israel? ....

¿Dónde estaba el palacio del rey Saúl? ....

¿Qué instrumento musical tocaba David para el rey Saúl? ....

¿Dónde los israelitas y filisteos establecieron sus campamentos? ....

¿Qué tan alto era Goliat? ....

¿Quién le dio permiso a David de luchar contra Goliat? ....

¿Cuántas piedras recogió David del arroyo? ....

¿Cómo venció David a Goliat? ....

¿En qué libro de la Biblia leemos sobre David y Goliat? ....

RESPUESTAS

1. Isaí
2. Samuel
3. Guibeá
4. Arpa / lira
5. Valle de Elah
6. 9 pies con 9 pulgadas
7. El rey Saúl
8. Cinco piedras
9. Con una piedra que lanzó con su honda
10. 1 Samuel 15-18

Completa la sopa de letras

DAVID   **GUERRERO**
GOLIAT   **GIGANTE**
SAÚL   **HERMANOS**
ISRAEL   **HONDA**
FILISTEOS   **REY**

```
F U V R V H N N I D
G I J V X O F W S C
D O L S P N M R R T
A P L I H D X E A S
V W M I S A T Y E A
I O Q A A T M C L Ú
D M H K Y T E B V L
S H E R M A N O S T
G U E R R E R O S F
G I G A N T E N Z S
```

Bible Pathway Adventures

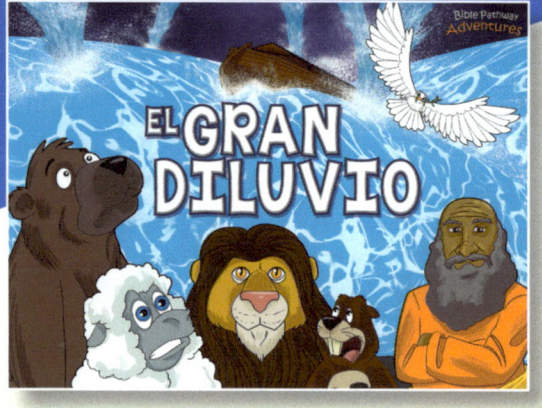
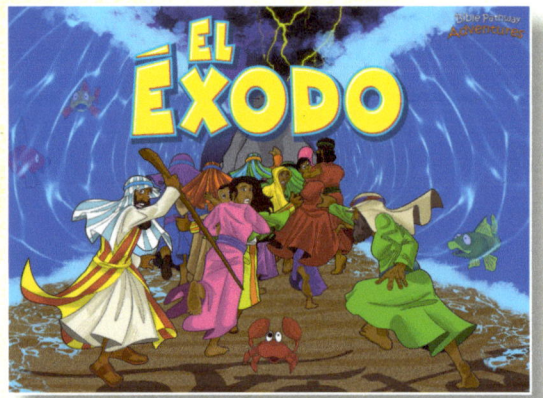

La huida de Egipto

El Gran Diluvio

El Nacimiento del Rey

Traición al Rey

El Rey Resucitó

¡Naufragio!

Vendido como Esclavo

Arrojado a los Leones

Salvado por una Asna

La Novia Elegida

El Éxodo

Camino a Damasco

La bruja de Endor

¡Descubre más historias de la Biblia de Bible Pathway Adventures!

Consulte los libros de actividades de Bible Pathway Adventures

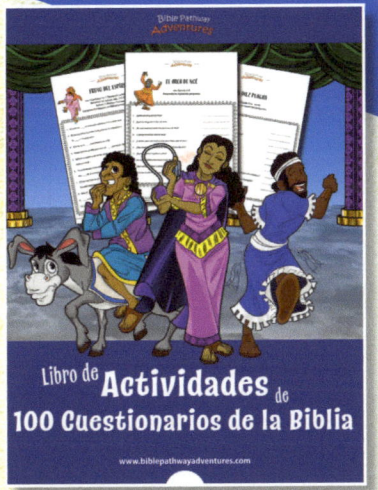

IR A

www.biblepathwayadventures.com

www.ingramcontent.com/pod-product-compliance
Lightning Source LLC
Chambersburg PA
CBHW040319100526

44583CB00004BB/149